Impressum
Verlag: BABADADA GmbH, Nedderfeld 112 , 22529 Hamburg
Geschäftsführer / Verlagsleitung: Harald Hof
Druck: Books on Demand GmbH, In de Tarpen 42, 22848 Norderstedt

Imprint
Publisher: BABADADA GmbH, Nedderfeld 112 , 22529 Hamburg, Germany
Managing Director / Publishing direction: Harald Hof
Print: Books on Demand GmbH, In de Tarpen 42, 22848 Norderstedt, Germany

escuela

المدرسة

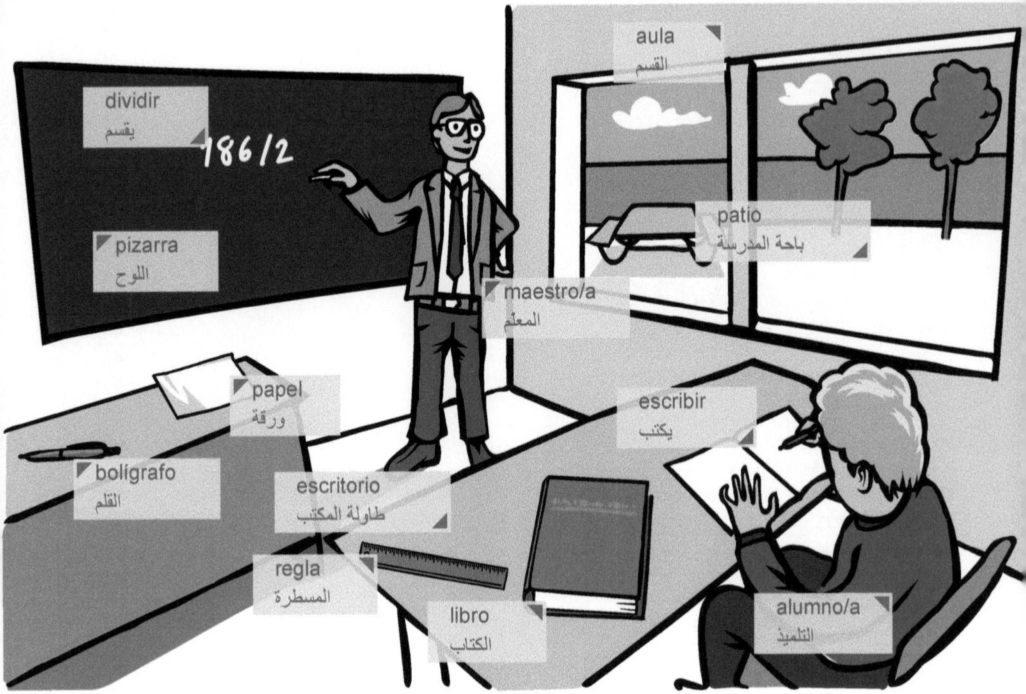

aula
القسم
dividir
يقسم
186/2
pizarra
اللوح
patio
باحة المدرسة
maestro/a
المعلّم
papel
ورقة
escribir
يكتب
bolígrafo
القلم
escritorio
طاولة المكتب
regla
المسطرة
libro
الكتاب
alumno/a
التلميذ

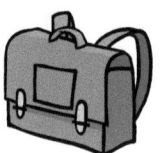

cartera
....
الحقيبة المدرسية

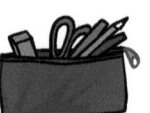

caja de lápices
....
المقلمة

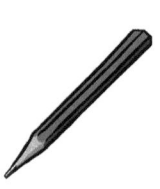

lápiz
....
قلم الرصاص

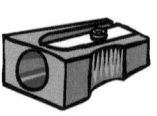

sacapuntas
....
البرّاية

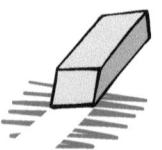

goma de borrar
....
المِمحاة

cuaderno de dibujo
....
دفتر الرسم

dibujo

الرسمة

pincel

الفرشاة

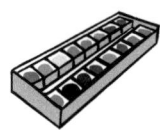

caja de pinturas

علبة التلوين

tijeras

المقص

pegamento

المادة اللاصقة

cuaderno de ejercicios

دفتر التمارين

deberes

الواجب المدرسي

número

الرقم

2+2

sumar

يجمع

restar

يطرح

multiplicar

يضرب

calcular

يحسب

letra

الحرف

alfabeto

الأبجدية

palabra

كلمة

texto

النص

leer

يقرأ

tiza

الطبشور

lección

الحصة

cuaderno de notas

دفتر الدوام المدرسي

examen

الامتحان

certificado

شهادة

uniforme escolar

اللباس المدرسي

educación

التعليم

enciclopedia

الموسوعة

universidad

الجامعة

microscopio

المجهر

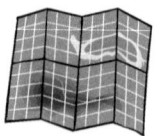

mapa

الخريطة

papelera

قماما

viaje

سفر

hotel
فندق
Grand
albergue
بيت الشباب
ROOMS
oficina de cambio de divisas
مكتب صرافة
EXCHANGE
maleta
حقيبة
coche
سيارة

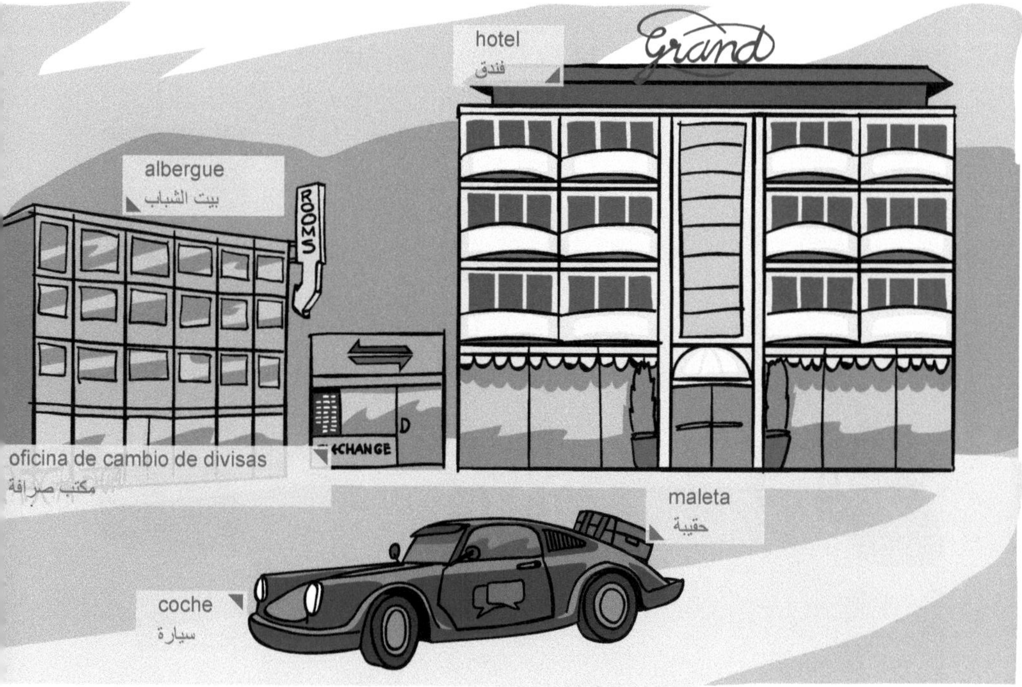

idioma

اللغة

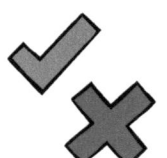

sí / no

نعم / لا

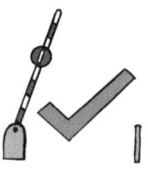

Vale

حسناً

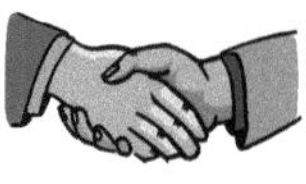

hola

مرحباً

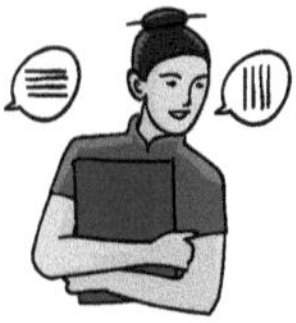

traductor

مترجم

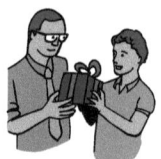

Gracias

شكراً

¿cuánto es...?

كم ثمن ... ؟

No entiendo

لا أفهم

problema

مشكلة

¡Buenas tardes!

مساء الخير

¡Buenos días!

صباح الخير!

¡Buenas noches!

ليلة سعيدة

adiós

إلى اللقاء

dirección

اتجاه

equipaje

أمتعة السفر

bolsa

حقيبة

mochila

حقيبة ظهر

invitado

ضيف

habitación

غرفة

saco de dormir

كيس للنوم

tienda de campaña

خيمة

información turística

استعلامات سياحية

playa

شاطئ

tarjeta de crédito

بطاقة ائتمان

desayuno

إفطار

almuerzo

طعام الغداء

cena

العشاء

billete

بطاقة سفر

ascensor

مصعد

sello

طابع بريدي

frontera

حدود

aduana

الجمارك

embajada

سفارة

visa

تأشيرة

pasaporte

جواز سفر

transporte
نقل

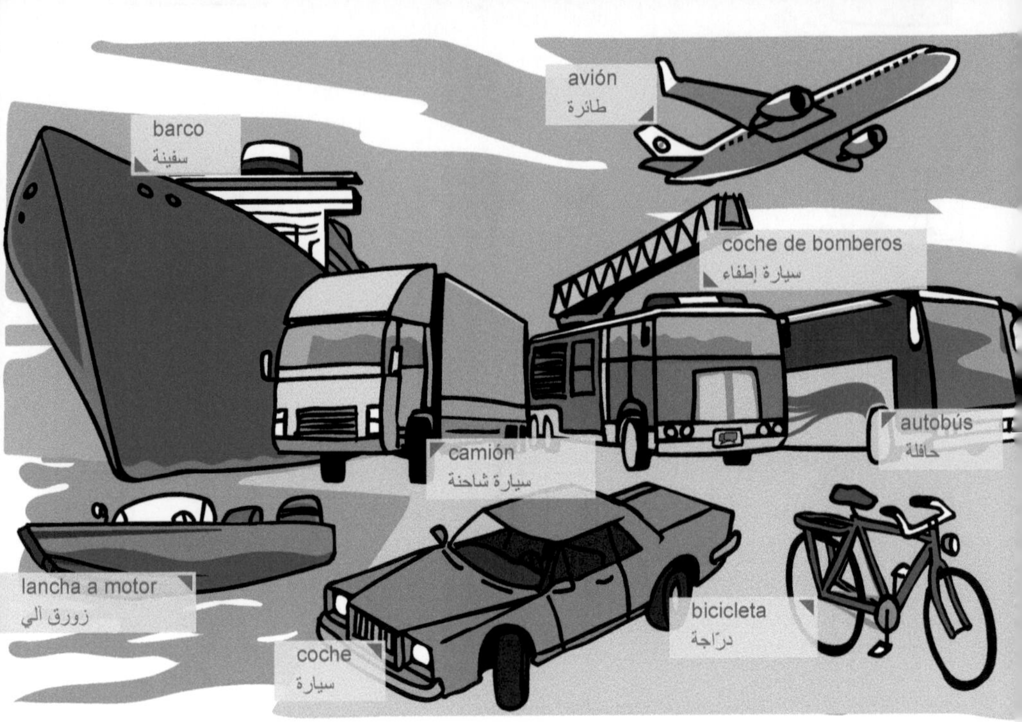

avión
طائرة

barco
سفينة

coche de bomberos
سيارة إطفاء

autobús
حافلة

camión
سيارة شاحنة

lancha a motor
زورق آلي

bicicleta
درّاجة

coche
سيارة

transbordador

عبارة

barca

قارب

moto

دراجة نارية

coche de policía

سيارة شرطة

coche de carreras

سيارة سباق

coche de alquiler

سيارة مستأجرة

préstamo de vehículos

أسلوب تشاركي في استئجار السيارات

grúa

سيارة للجر

camión de la basura

سيارة نقل القمامة

motor

محرّك

gasolina

وقود

gasolinera

محطة وقود

señal de tráfico

إشارة مرور

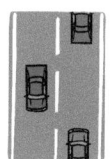

tráfico

حركة السير

atasco

ازدحام سير

aparcamiento

موقف سيارات

estación de tren

محطة قطار

vías

سكك حديدية

tren

قطار

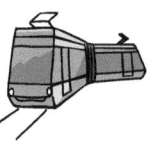

tranvía

ترام

vagón

عربة قطار

helicóptero

طائرة مروحية

aeropuerto

مطار

torre

برج

pasajero

مسافر

contenedor

حاوية

caja de cartón

علبة كرتون

carretilla

عربة يد

cesta

سلّة

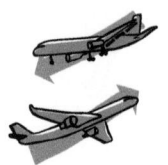

despegar / aterrizar

يقلع / يهبط

ciudad

مدينة

pueblo

قرية

centro de ciudad

مركز المدينة

casa

بيت

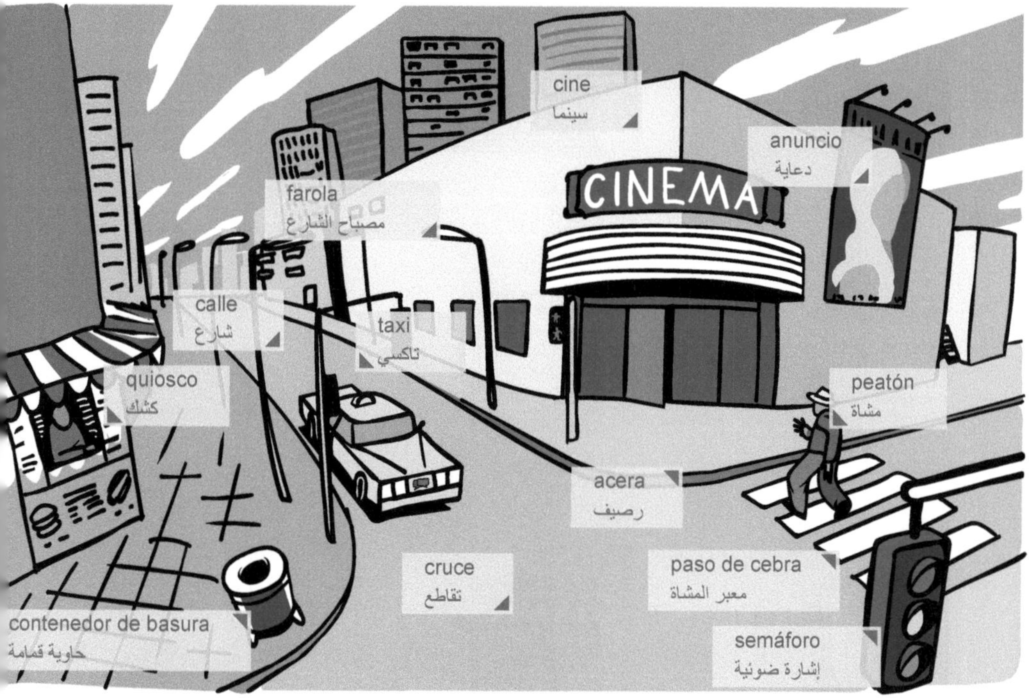

cine
سينما

anuncio
دعاية

farola
مصباح الشارع

calle
شارع

taxi
تاكسي

quiosco
كشك

peatón
مشاة

acera
رصيف

cruce
تقاطع

paso de cebra
معبر المشاة

contenedor de basura
حاوية قمامة

semáforo
إشارة ضوئية

cabaña
كوخ

apartamento
شقة

estación de tren
محطة قطار

ayuntamiento
دار البلدية

museo
متحف

escuela
المدرسة

universidad

الجامعة

banco

مصرف

hospital

المستشفى

hotel

فندق

farmacia

صيدلية

oficina

مكتب

librería

مكتبة

tienda

متجر

floristería

محل لبيع الزهور

supermercado

سوبرماركت

mercado

سوق

grandes almacenes

متجر كبير

pescadería

تاجر السمك

centro comercial

مركز تسوّق

puerto

ميناء

parque

حديقة عامة

banco

مقعد

puente

جسر

escaleras

درج، سلم

metro

مترو

túnel

نفق

parada de autobús

موقف حافلات

bar

بار

restaurante

مطعم

buzón

صندوق البريد

poste indicador

لافتة باسم الشارع

parquímetro

مقياس زمن الوقوف

zoo

حديقة حيوانات

piscina

مسبح

mezquita

مسجد

granja

مزرعة

contaminación

تلوث البيئة

cementerio

مقبرة

iglesia

كنيسة

patio de juego

ملعب الأطفال

templo

معبد

paisaje

طبيعة ريفية

hoja
ورقة

señal
علامة إرشاد

camino
طريق

prado
مرج

piedra
حجر

árbol
شجرة

excursionista
رحالة

río
نهر

hierba
عشب

flor
زهرة

valle

وادٍ

colina

جبل

lago

بحيرة

bosque

غابة

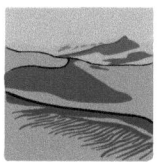

desierto

صحراء

volcán

بركان

castillo

قلعة

arcoíris

قوس قزح

champiñón

فِطر

palmera

نخلة

mosquito

بعوض

mosca

ذبابة

hormiga

نملة

abeja

نحلة

araña

عنكبوت

escarabajo

خنفساء

rana

ضفدعة

ardilla

سنجاب

erizo

قنفذ

liebre

أرنب

lechuza

بومة

pájaro

عصفور

cisne

بجعة

jabalí

خنزير برّي

ciervo

غزال

alce

إلكة

presa

سد

turbina eólica

دولاب الطاحونة الهوائية

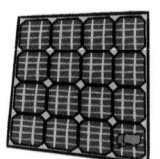

panel solar

خلية شمسية

clima

مناخ

restaurante
مطعم

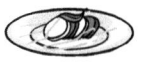

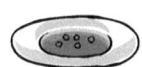

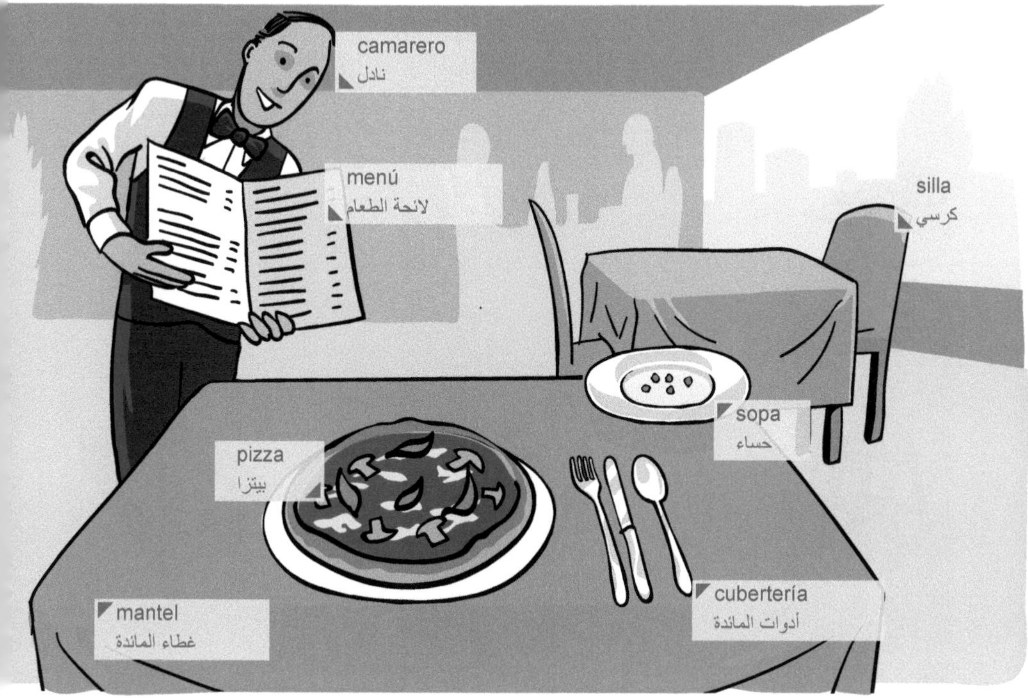
camarero
نادل
menú
لائحة الطعام
silla
كرسي
sopa
حساء
pizza
بيتزا
mantel
غطاء المائدة
cubertería
أدوات المائدة

primer plato

مقبلات

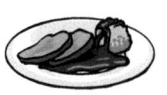

plato principal

الصحن الرئيسي

postre

حلوى أو فاكهة بعد الطعام

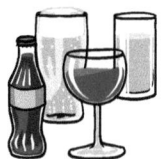

bebidas

مشروبات

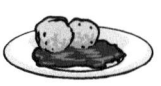

comida

طعام

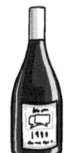

botella

زجاجة

comida rápida

وجبات سريعة

comida callejera

طعام الشارع

tetera

إبريق الشاي

azucarero

علبة السكر

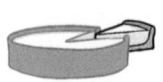

porción

حصّة

cafetera expreso

آلة الإسبريسو

trona

كرسي عالٍ

cuenta

فاتورة

bandeja

صينية

cuchillo

سكين

tenedor

شوكة

cuchara

ملعقة

cucharilla

ملعقة الشاي

servilleta

منديل المائدة

vaso

كأس

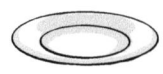

plato

صحن

plato hondo

صحن الحساء

platillo

صحن الفنجان

salsa

صلصة

salero

مملحة

molinillo de pimienta

مطحنة الفلفل

vinagre

خلّ

aceite

زيت الطعام

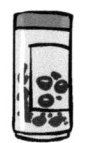

especias

توابل

ketchup

كتشاب

mostaza

خردل

mayonesa

مايونيز

supermercado

سوبرماركت

oferta especial
عرض خاص
FOR
cliente
زبون
lácteos
مشتقات الحليب
fruta
فواكه
carro de la compra
عربة تسوّق

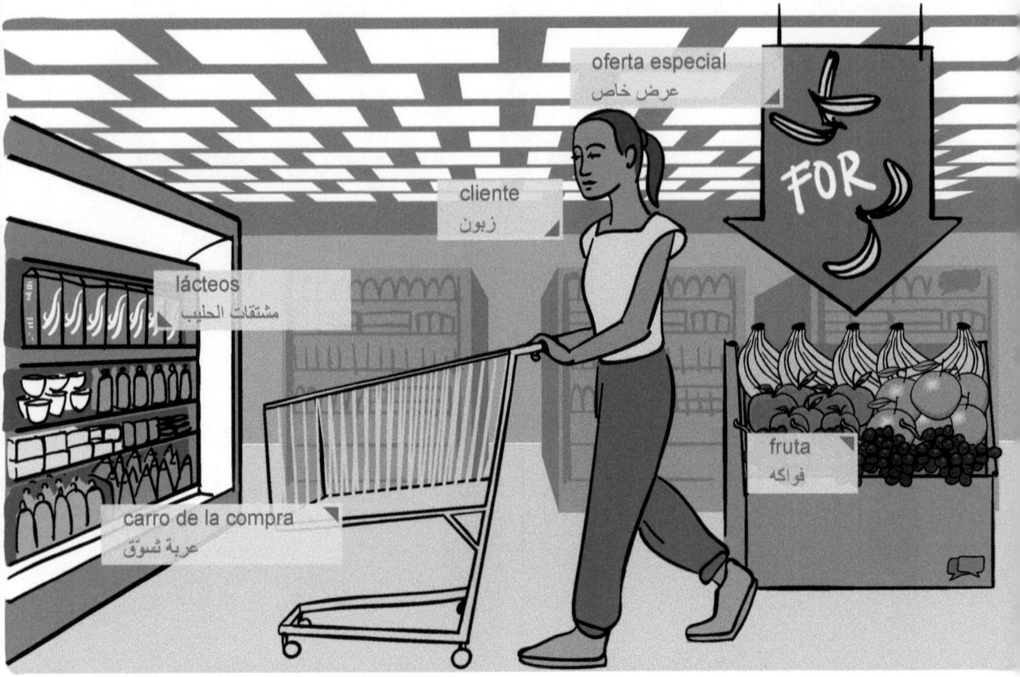

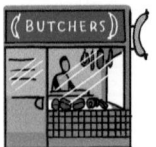

BUTCHERS

carnicería

جزّار

BAKERY

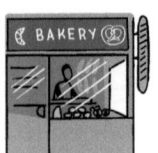

panadería

مخبز

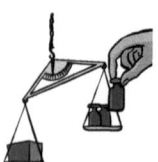

pesar

يزن

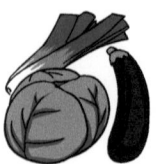

verduras

خضار

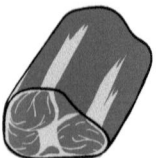

carne

لحم

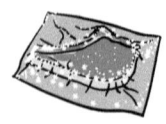

alimentos congelados

المأكولات المجمّدة

fiambres

مرتدلا أو جبن

conservas

معلبات

detergente en polvo

مسحوق الغسيل

dulces

حلويات

productos de uso doméstico

المواد المنزلية

productos de limpieza

منظفات

vendedora

بائعة

caja

صندوق الحساب

cajero

أمين صندوق

lista de la compra

قائمة المشتريات

horario de atención al público

أوقات العمل

cartera

محفظة النقود

tarjeta de crédito

بطاقة ائتمان

bolsa

حقيبة

bolsa de plástico

كيس بلاستيكي

agua

ماء

zumo

عصير

leche

حليب

cola

كولا

vino

نبيذ

cerveza

بيرة

alcohol

كحول

cacao

كاكاو

té

شاي

café

قهوة

expreso

قهوة إسبريسو

capuchino

كابوتشينو

plátano

موزة

manzana

تفاح

naranja

برتقال

melón

بطيخ

limón

ليمون

zanahoria

جزرة

ajo

ثوم

bambú

خيزران

cebolla

بصل

champiñón

فطر

avellanas

لوزيات

fideos

شعيرية

espagueti

سباغيتي

arroz

أرزّ

ensalada

سلطة

patatas fritas

بطاطا مقلية

patatas fritas

بطاطا مقلية

pizza

بيتزا

hamburguesa

هامبورغر

sándwich

ساندويش

filete

شريحة لحم مقلية

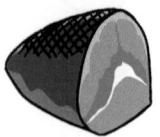

jamón

لحم خنزير

salami

سلامي

salchicha

سجق

pollo

دجاج

asado

لحم محمر

pescado

سمك

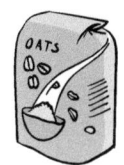

copos de avena

دقيق الشوفان

muesli

موسلي

copos de maíz

كورن فلكس

harina

طحين

cruasán

كرواسان

panecillo

خبز صغير

pan

خبز

tostada

خبز محمص

galletas

بسكويت

mantequilla

زبدة

cuajada

لبن زبادي

pastel

كعكة

huevo

بيضة

huevo frito

بيض مقلي

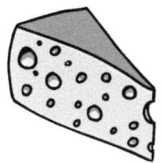

queso

جبنة

helado

مثلجات

azúcar

سكر

miel

عسل

mermelada

مربّى الفاكهة

crema de turrón

كريم النوغا

curry

الكاري

comida - طعام

granja
مزرعة

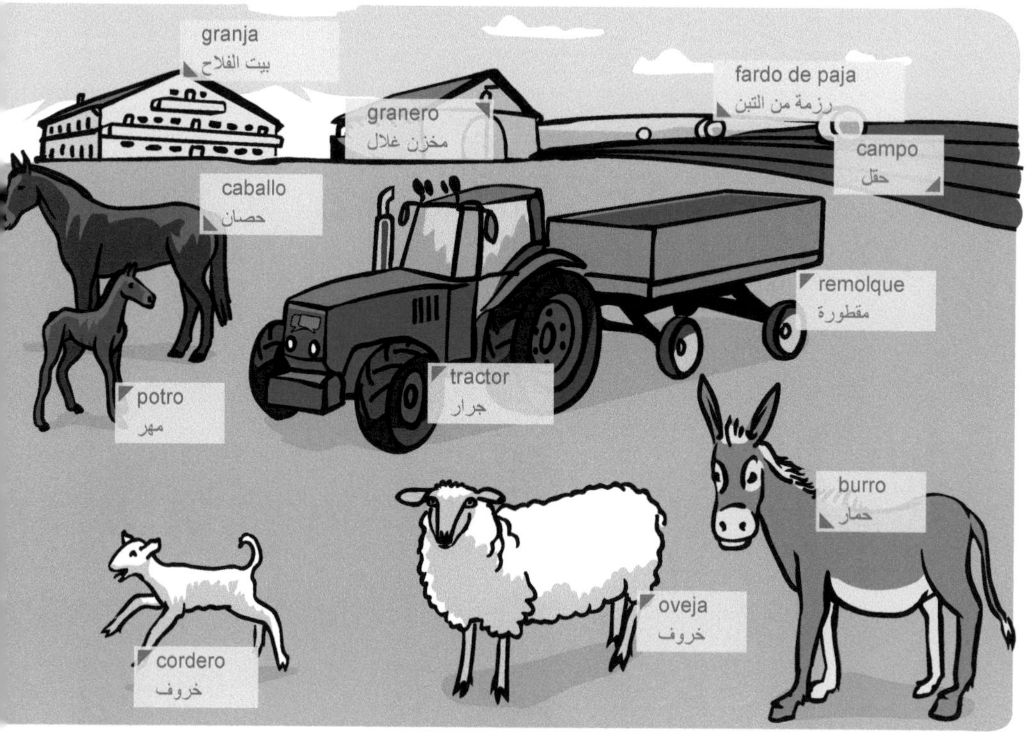
granja
بيت الفلاح
granero
مخزن غلال
fardo de paja
رزمة من التبن
campo
حقل
caballo
حصان
remolque
مقطورة
tractor
جرار
potro
مهر
burro
حمار
oveja
خروف
cordero
خروف

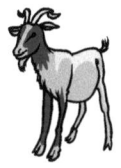

cabra

ماعز

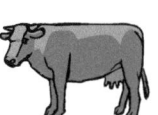

vaca

بقرة

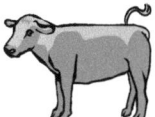

ternero

عجل

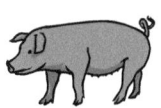

cerdo

خنزير

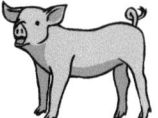

cerdito

خنزير صغير

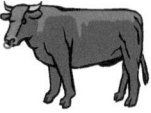

toro

ثور

ganso

إوزّة

pato

بطة

pollo

صوص

gallina

دجاجة

gallo

ديك

rata

جرذ

gato

قطّة

ratón

فأر

buey

ثور

perro

كلب

perrera

كوخ الكلب

manguera

خرطوم الحديقة

regadera

إبريق

guadaña

منجل

arado

المحراث

hoz

منجل

azada

معزقة

horca

مذراة الزبل

hacha

بلطة

carretilla

عربة يد

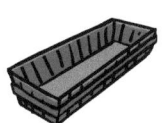

abrevadero

معلف

lechera

صفيحة الحليب

saco

كيس

valla

سياج

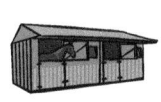

establo

اصطبل

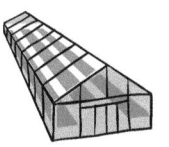

invernadero

دفيئة

suelo

تربة

semilla

بذور

fertilizador

سماد

cosechadora

حصّادة درّاسة

cosechar

يحصد

cosecha

محصول

ñame

بطاطا يامس

trigo

قمح

soja

صويا

patata

بطاطا

maíz

ذرة

semilla de colza

سلجم

árbol frutal

شجرة فاكهة

mandioca

نبات منيهوت

cereales

الحبوب

casa

بيت

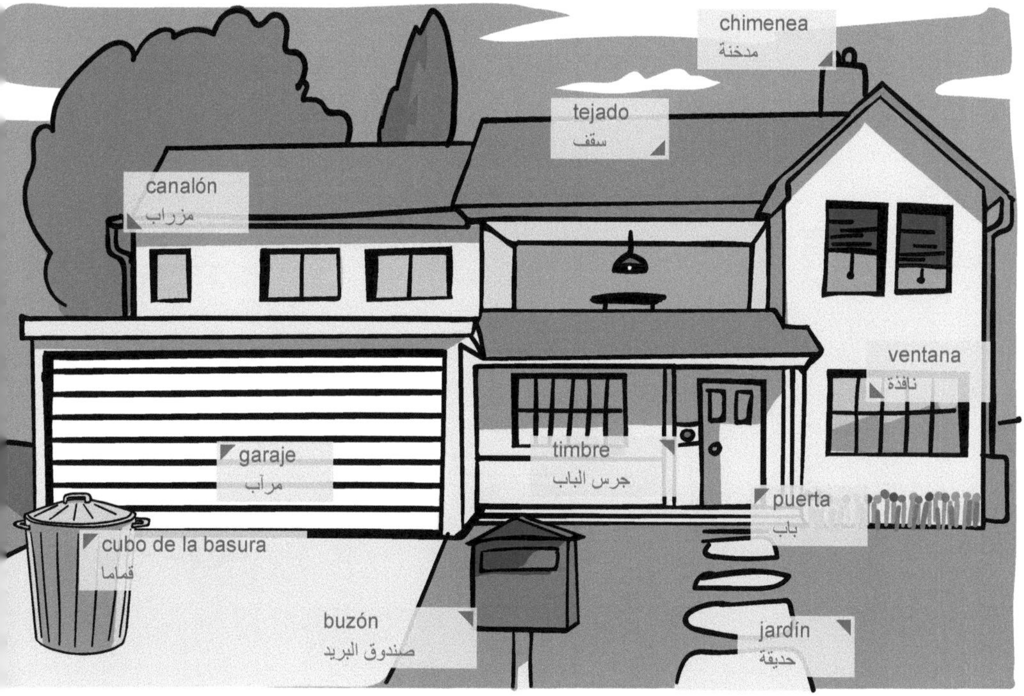
chimenea
مدخنة
tejado
سقف
canalón
مزراب
ventana
نافذة
garaje
مرآب
timbre
جرس الباب
puerta
باب
cubo de la basura
قماما
buzón
صندوق البريد
jardín
حديقة

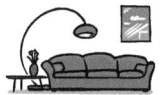

sala

غرفة جلوس

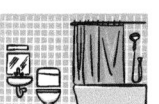

cuarto de baño

الحمّام

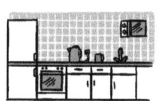

cocina

مطبخ

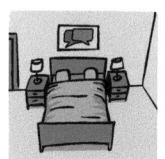

dormitorio

غرفة النوم

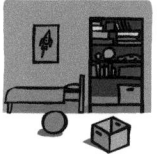

habitación de los niños

غرفة الأطفال

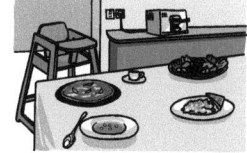

comedor

غرفة الطعام

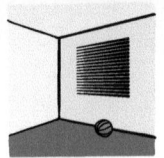

suelo

أرضية

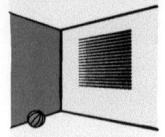

pared

حائط

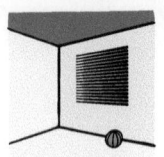

techo

سقف

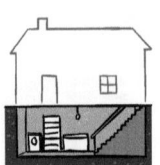

sótano

قبو

sauna

ساونا

balcón

بلكون

terraza

شرفة

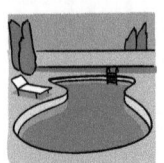

piscina

مسبح

cortacésped

جزّازة العشب

sábana

بياضات السرير

colcha

بطانية

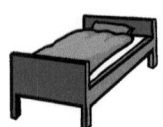

cama

سرير

escoba

مكنسة

balde

سطل

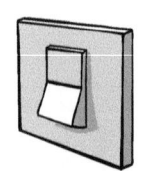

interruptor

مفتاح كهربائي

sala
غرفة جلوس

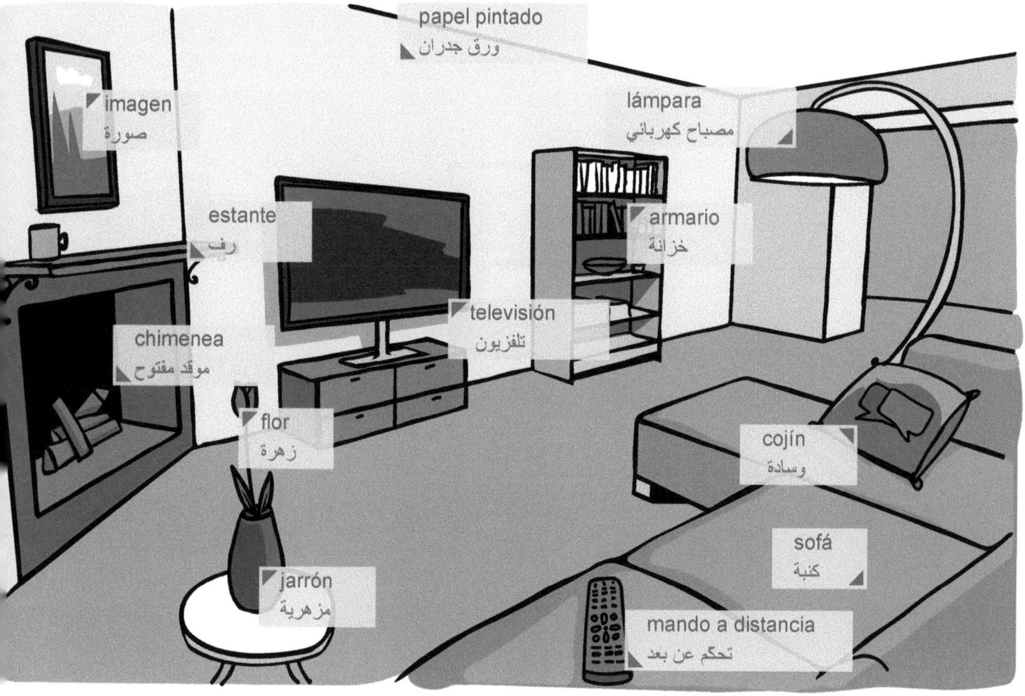

papel pintado
ورق جدران
imagen
صورة
lámpara
مصباح كهربائي
estante
رف
armario
خزانة
televisión
تلفزيون
chimenea
موقد مفتوح
flor
زهرة
cojín
وسادة
sofá
كنبة
jarrón
مزهرية
mando a distancia
تحكم عن بعد

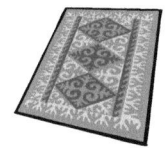

alfombra
بصاط

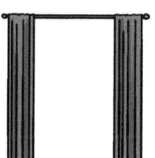

cortina
ستارة

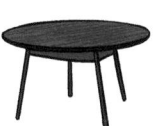

mesa
طاولة

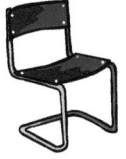

silla
كرسي

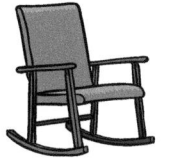

mecedora
كرسي هزّاز

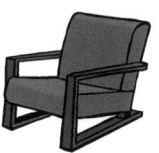

butaca
كرسي ذو ذراعين

libro

الكتاب

manta

بطانية

decoración

زخرفة

leña

الحطب

película

فيلم

equipo de música

تجهيزات ستيريو

llave

مفتاح

periódico

جريدة

pintura

لوحة مرسومة

póster

مُلصق

radio

راديو

cuaderno

دفتر ملاحظات

aspiradora

المكنسة الكهربائية

cactus

صبّار

vela

شمعة

cocina
مطبخ

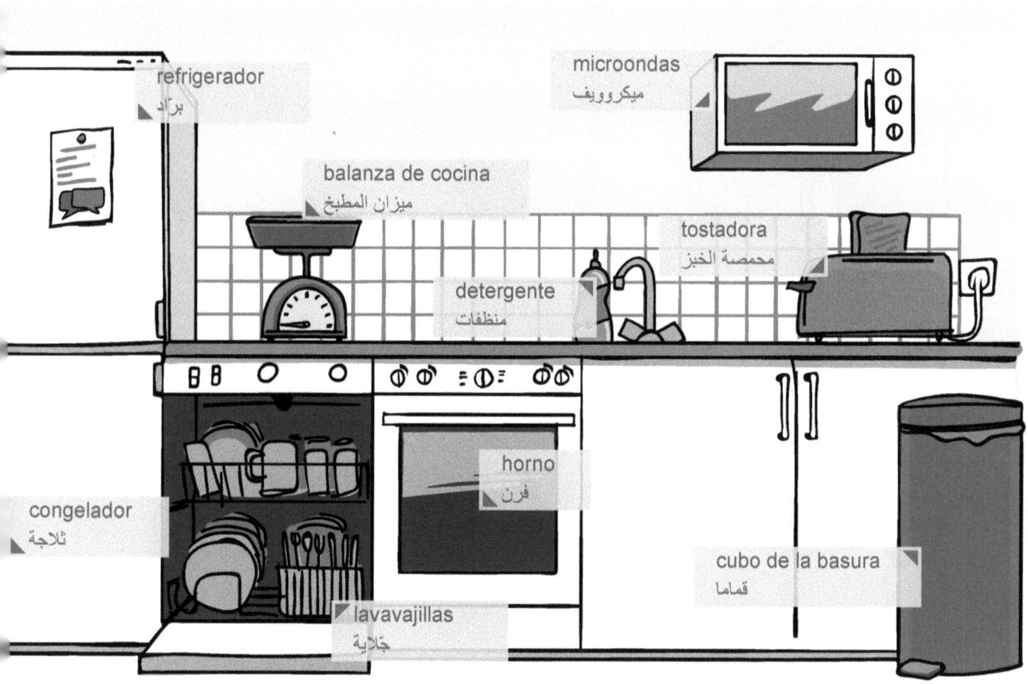
refrigerador
برّاد
microondas
ميكروويف
balanza de cocina
ميزان المطبخ
tostadora
محمصة الخبز
detergente
منظفات
horno
فرن
congelador
ثلاجة
cubo de la basura
قماما
lavavajillas
جلّاية

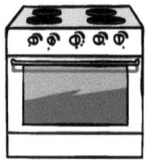

olla a presión

موقد

olla

قِدر

olla de hierro fundido

وعاء من الحديد

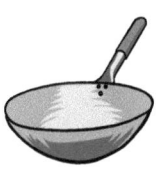

wok / karahi

قدر صيني

cazuela

مقلاة

hervidor

غلاية

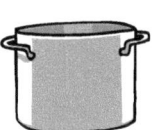

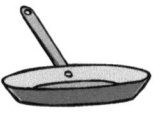

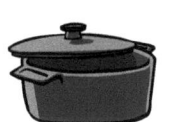

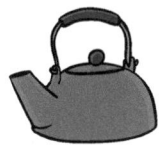

vaporera

قدر البخار

chapa de horno

صينية

vajilla

أواني

taza

فنجان

tazón

صحن

palillos

عيدان الأكل

cucharón

مغرفة

espumadera

ملعقة منبسطة

batidor

خفاقة

colador

مصفاة

cedazo

مصفاة

rallador

مبشرة

mortero

هاون

barbacoa

شواء

hoguera

موقد

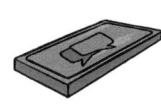

tabla de picar

لوح التقطيع

rodillo

نشّابة

sacacorchos

مفتاح الزجاجات

lata

علبة

abrelatas

مفتاح العلب المعدنية

agarrador

قماش الفرن

lavabo

مجلى

cepillo

فرشاة

esponja

إسفنج

batidora

خلاط

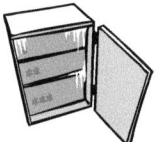

congelador

مجمّدة

biberón

زجاجة الطفل

grifo

صنبور الماء

cuarto de baño

الحمّام

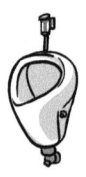

ducha
دوش

calefacción
تدفئة

toalla
منشفة

cortina de la ducha
ستارة الدوش

baño de espuma
حمام رغوة

bañera
حوض الحمّام

vaso
كأس

lavadora
غسّالة

grifo
صنبور الماء

baldosas
بلاط

orinal
قفازات مطاطية

lavabo
مجلى

inodoro
....
حمّام

inodoro rústico
....
مرحاض القرفصاء

bidé
....
حوض التشطيف

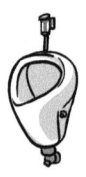

urinario
....
مبولة

papel higiénico
....
ورق المرحاض

escobilla del váter
....
فرشاة الحمّام

cepillo de dientes

فرشاة الأسنان

pasta de dientes

معجون الأسنان

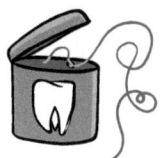

hilo dental

خيط حرير لتنظيف الأسنان

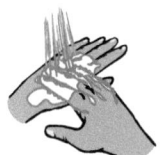

lavar

يغسل

ducha de mano

رشاش ماء يدوي

ducha íntima

شطاف

pila

حوض الغسيل

cepillo de espalda

فرشاة الظهر

jabón

صابون

gel de ducha

جيل الدوش

champú

شامبو

toallita

ممسحة

desagüe

مصرف للماء

crema

مرهم

desodorante

مزيل الروائح

espejo

مرآة

espejo de tocador

مرآة يد

maquinilla de afeitar

موس حلاقة

espuma de afeitar

رغوة الحلاقة

loción postafeitado

كولونيا

peine

مشط

cepillo

فرشاة

secador

سشوار

laca

مثبت للشعر

maquillaje

ماكياج

pintalabios

روج

pintauñas

طلاء أظافر

algodón

قطن

cortauñas

مقص أظافر

perfume

عطر

estuche de viaje

سلة الغسيل

banqueta

مقعد صغير

balanza

ميزان

albornoz

معطف الحمام

guantes de goma

قفازات مطاطية

tampón

سدادة قطنية

compresa

منشفة صحية

inodoro químico

تواليت كيميائية

habitación de los niños

غرفة الأطفال

despertador
منبّه
peluche
الحيوانات المحنطة
coche de juguete
سيارة لعبة
sonajero
خشخشة
casa de muñecas
بيت الدمى
regalo
هدية

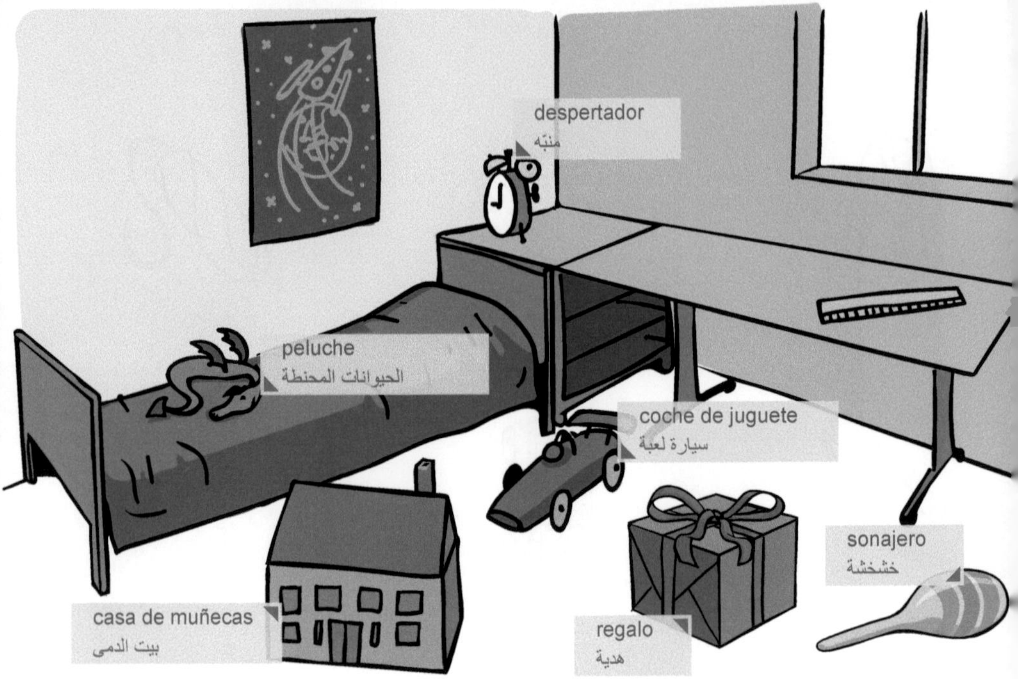

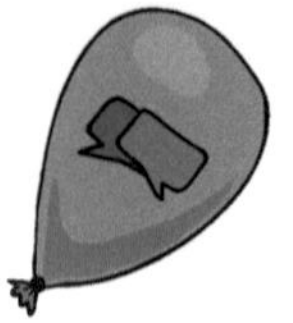

globo

بالون

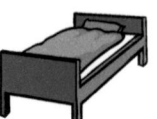

cama

سرير

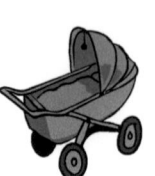

coche de niño

عربة الأطفال

naipes

لعبة الورق

puzle

أحجية

SUPER MEGA

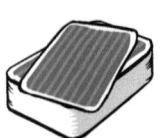

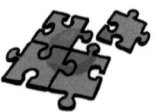

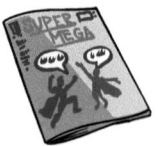

tebeo

رسوم هزلية

piezas de lego

أحجار الليغو

bloques de juguete

حجارة تركيب

figura de acción

دمية بطل

bodi (de bebé)

لباس الطفل

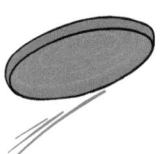

frisbee

فريسبي

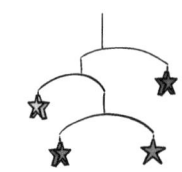

colgador móvil para bebés

دمية معلقة

juego de mesa

لعبة الطاولة

dados

لعبة النرد

circuito de tren eléctrico

لعبة قطار

maniquí

مصّاصة

fiesta

حفلة

álbum de fotos

كتاب مصوّر

pelota

كرة

muñeca

دمية

jugar

يلعب

cajón de arena

ملعب رملي للأطفال

columpio

أرجوحة

juguetes

لعبة

videoconsola

ألعاب فيديو

triciclo

دراجة ثلاثية

oso de peluche

دمية على شكل الدب

guardarropa

خزانة الثياب

ropa

ثياب

calcetines

جوارب قصيرة

medias

جوارب طويلة

leotardos

جورب بنطلون

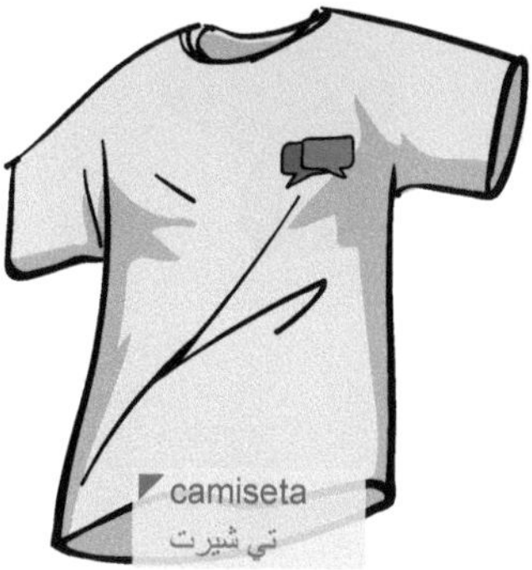

bufanda
شال

cinturón
حزام

paraguas
شمسية

camiseta
تي شيرت

botas
حذاء شتوي

zapatillas
شبشب

deportivas
أحذية رياضية

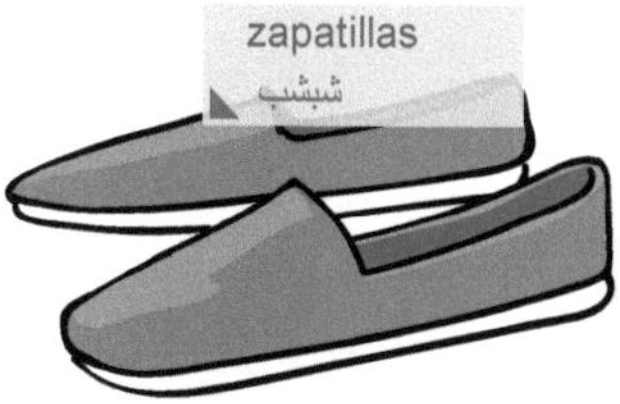

sandalias
....
صندل

zapatos
....
حذاء

botas de goma
....
جزمة كاوتشوك

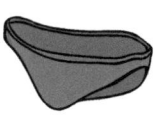
slip
....
سروال داخلي

sostén
....
صدّارة

chaleco
....
قميص داخلي

bodi

لباس ملاصق للجسم

pantalones

بنطلون

vaqueros

جينز

falda

تنورة

blusa

بلوزة

camisa

قميص

jersey

سترة قطنية

suéter

كنزة كم طويل

blazer

سترة فضفاضة

chaqueta

سترة

abrigo

معطف

gabardina

معطف مطري

traje

زي - طقم نسائي

vestido

ثوب

vestido de novia

ثوب الزفاف

traje

طقم

camisón

قميص نوم

pijama

بيجاما

sari

ساري

bandana

حجاب

turbante

عمامة

burka

برقع

caftán

قفطان

abaya

عباءة

traje de baño

مايوه

bañador

سروال سباحة

pantalones cortos

شرت

chándal

بدلة رياضية

delantal

مئزر

guantes

قفازات

botón

زر

gafas

نظارة

brazalete

إسوارة

collar

عقد

anillo

خاتم

pendiente

قرط

gorra

طاقيّة

percha

علاقة ثياب

sombrero

قبّعة

corbata

ربطة العنق

cremallera

سحّاب

casco

خوذة

tirantes

حمّالة البنطلون

uniforme escolar

اللباس المدرسي

uniforme

زي موحّد

babero

مريلة الأطفال

maniquí

مصّاصة

pañal

لفافة

oficina

مكتب

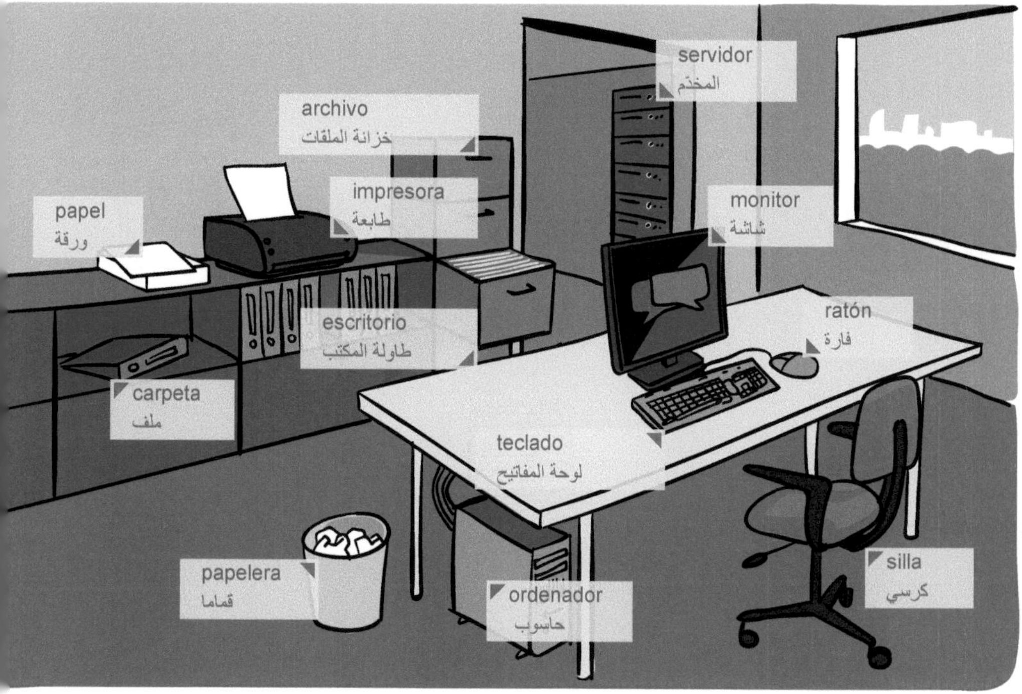

servidor

المخدّم

archivo

خزانة الملفات

impresora

طابعة

papel

ورقة

monitor

شاشة

escritorio

طاولة المكتب

ratón

فارة

carpeta

ملف

teclado

لوحة المفاتيح

silla

كرسي

papelera

قماما

ordenador

حاسوب

taza de café

كأس من القهوة

calculadora

الآلة الحاسبة

internet

الإنترنت

portátil

الحاسوب المحمول

carta

رسالة

mensaje

خبر

móvil

الهاتف المحمول

red

شبكة

fotocopiadora

جهاز تصوير

software

البرمجيات

teléfono

هاتف

toma de corriente

مقبس كهربائي

fax

فاكس

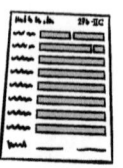

formulario

استمارة

documento

وثيقة

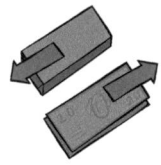

comprar

يشتري

pagar

يدفع

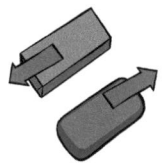

comerciar

يتاجر

dinero

مال

dólar

دولار

euro

يورو

yen

ين

rublo

روبل

franco suizo

فرنك سويسري

renminbi yuan

يوان

rupia

روبية

cajero automático

صرّاف آلي

oficina de cambio de divisas
....
مكتب صرافة

oro
....
ذهب

plata
....
فضة

petróleo
....
نفط

energía
....
طاقة

precio
....
سعر

contrato
....
عقد

impuesto
....
ضريبة

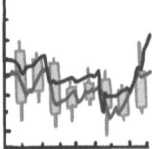

acción
....
سهم

trabajar
....
يعمل

empleado
....
موظف

empleador
....
رب العمل

fábrica
....
مصنع

tienda
....
متجر

oficios

المِهَن

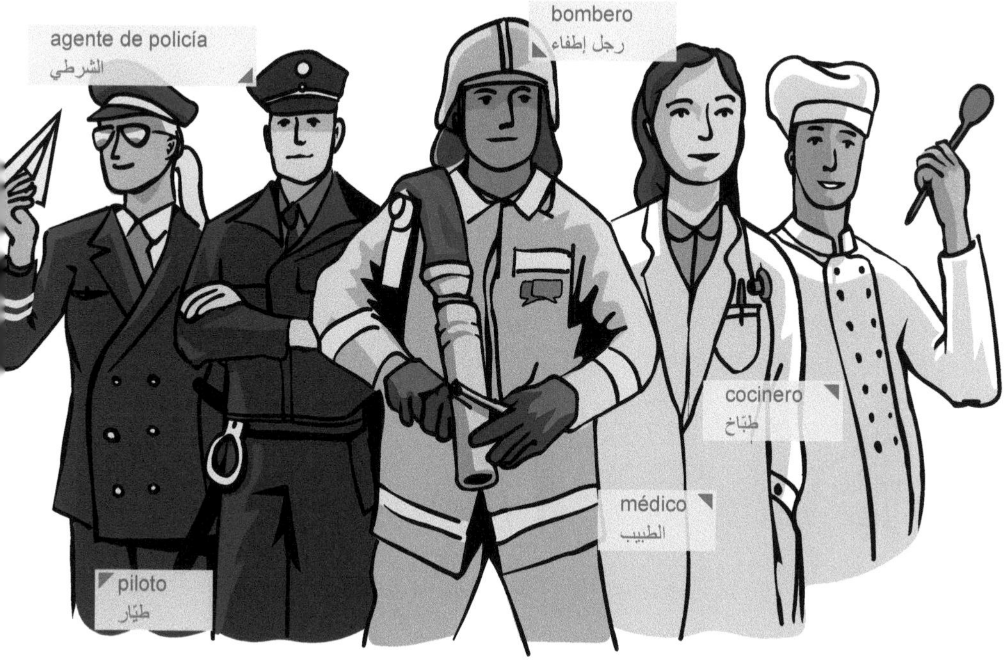
agente de policía
الشرطي
bombero
رجل إطفاء
cocinero
طبّاخ
médico
الطبيب
piloto
طيّار

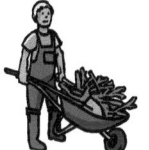

jardinero

بستاني

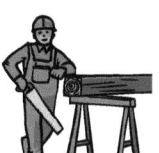

carpintero

نجّار

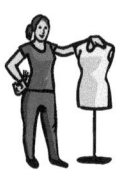

costurera

خيّاطة

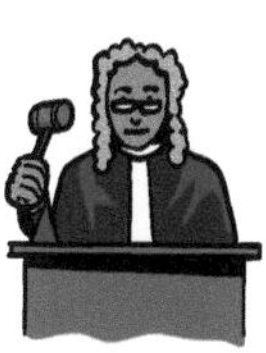

juez

قاض

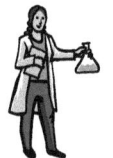

farmacéutico

كيميائي

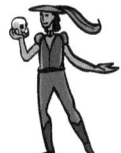

actor

ممثل

conductor de autobús

سائق حافلة

taxista

سائق تاكسي

pescador

صياد سمك

señora de la limpieza

أجيرة للتنظيف

techador

بنّاء سقف

camarero

نادل

cazador

صيّاد

pintor

رسّام

panadero

خباز

electricista

كهربائي

obrero

عامل بناء

ingeniero

مهندس

carnicero

لحّام

fontanero

سمكري

cartero

ساعي البريد

soldado

جندي

arquitecto

مهندس معماري

cajero

أمين صندوق

florista

بائع الزهور

peluquero

حلاق

revisor

مراقب القطار

mecánico

ميكانيكي

capitán

قبطان

dentista

طبيب أسنان

científico

رجل العلم

rabino

حاخام

imán

إمام

monje

راهب

sacerdote

كاهن

herramientas

عدة عمل

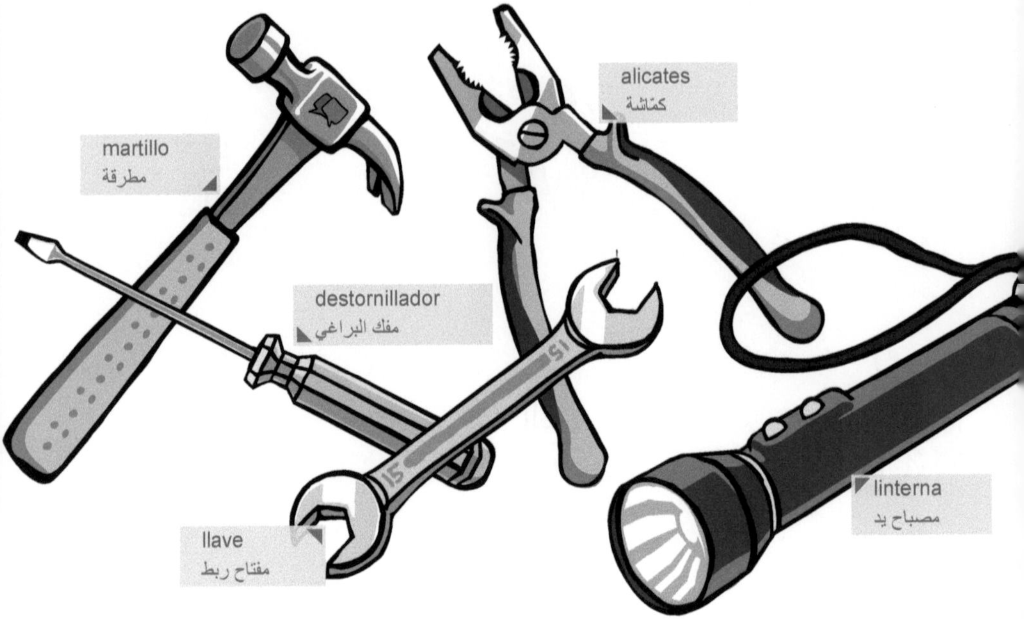

martillo
مطرقة

alicates
كماشة

destornillador
مفك البراغي

llave
مفتاح ربط

linterna
مصباح يد

excavadora

جرافة

caja de herramientas

صندوق العدة

escalera de mano

سلّم

sierra

منشار

clavos

مسامير

taladro

منقّب

reparar

يصلح

pala

مجرفة

¡Maldita sea!

اللعنة

recogedor

لقاطة الكناسة

bote de pintura

سطل الألوان

tornillos

براغي

instrumentos musicales

آلات موسيقية

altavoz
مكبر الصوت

batería
آلات الإيقاع

guitarra
غيتار

contrabajo
كمان أجهر

trompeta
بوق

piano

بيانو

violín

كمنجة

bajo

جهير

timbales

طبل كبير

tambor

طبل

teclado

بيانو كهربائي

saxofón

ساكسوفون

flauta

ناي

micrófono

ميكروفون

ZOO

حديقة حيوانات

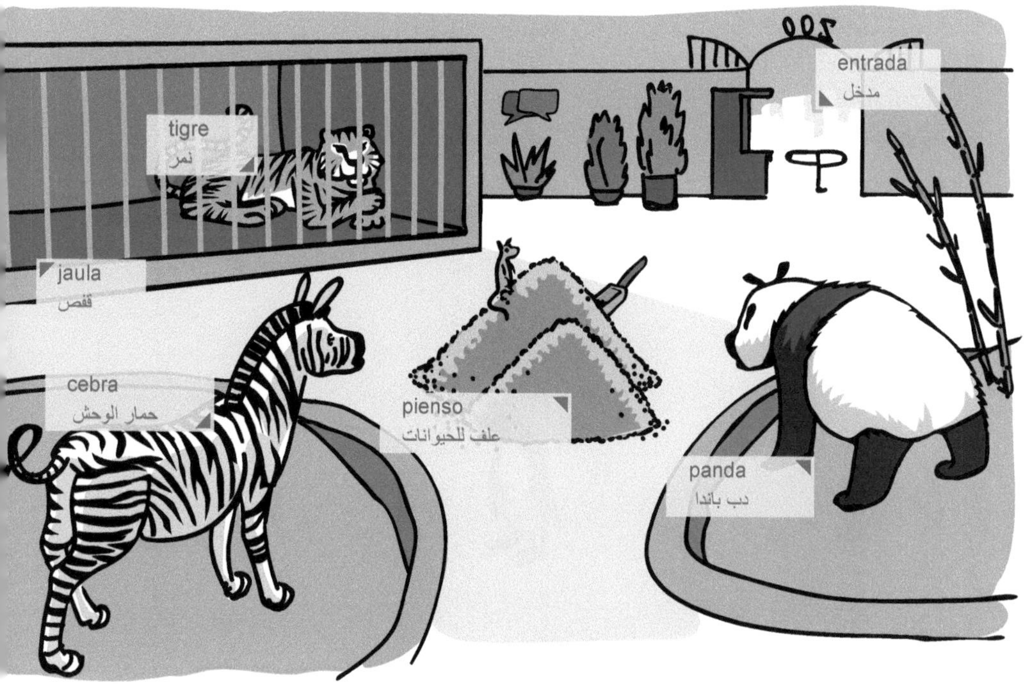

entrada
مدخل
tigre
نمر
jaula
قفص
cebra
حمار الوحش
pienso
علف للحيوانات
panda
دب باندا

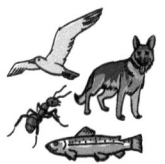

animales

حيوانات

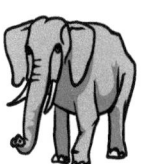

elefante

فيل

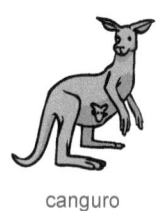

canguro

كنغر

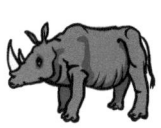

rinoceronte

وحيد القرن

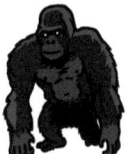

gorila

غوريلا

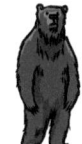

oso

دب

camello

جمل

avestruz

نعامة

león

أسد

mono

قرد

flamingo

طائر فلامينغو

loro

ببغاء

oso polar

دب قطبي

pingüino

بطريق

tiburón

سمك القرش

pavo real

طاووس

serpiente

أفعى

cocodrilo

تمساح

guardián de zoológico

حارس في حديقة الحيوان

foca

عجل البحر

jaguar

نمر أمريكي مرقط

poni

فرس قزم

leopardo

نمر

hipopótamo

فرس النهر

jirafa

زرافة

águila

نسر

jabalí

خنزير برّي

pescado

سمك

tortuga

سلحفاة

morsa

حيوان فظ البحري

zorro

ثعلب

gacela

غزال

fútbol americano
كرة القدم الأمريكية

ciclismo
ركوب الدراجات

tenis
كرة التنس

baloncesto
كرة السلة

natación
السباحة

boxeo
الملاكمة

hockey sobre hielo
هوكي الجليد

fútbol
كرة القدم

bádminton
الريشة الطائرة

atletismo
ألعاب القوى الخفيفة

balonmano
كرة اليد

esquí
التزلج على الثلج

polo
بولو

actividades
نشاطات

saltar
يقفز
abrazar
يعانق
reír
يضحك
caminar
يمشي
cantar
يغنّي
soñar
يحلم
rezar
يصلّي
besar
يقبل

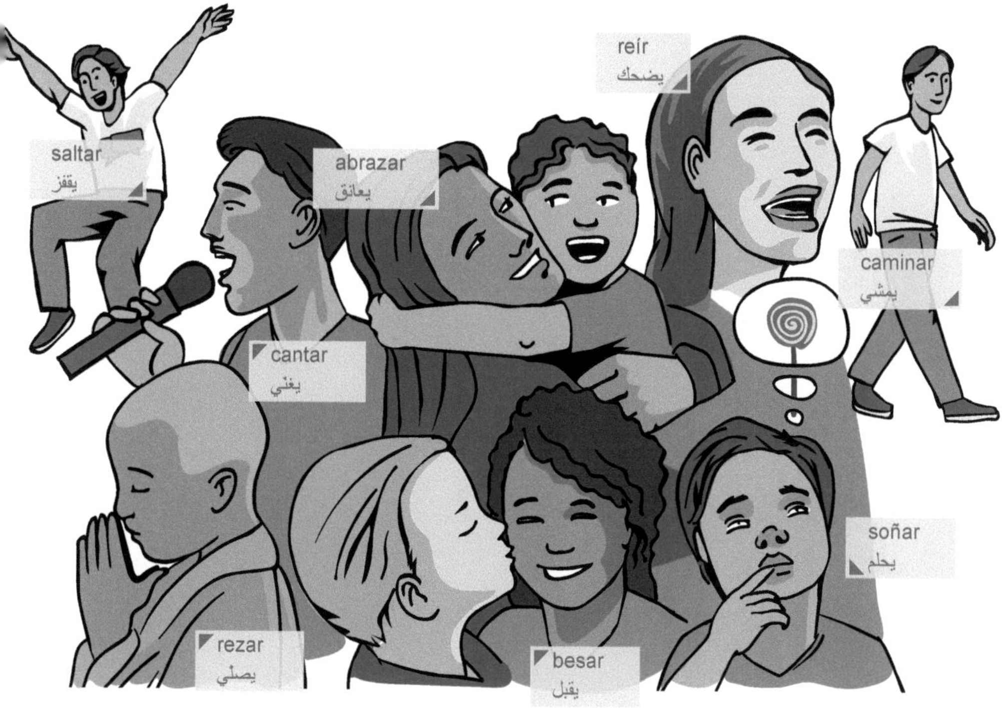

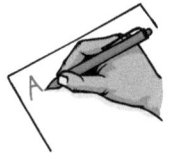

escribir
يكتب

dibujar
يرسم

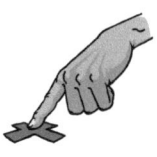

mostrar
يُري

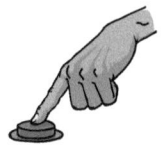

empujar
يدفع

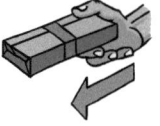

dar
يعطي

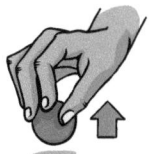

tomar
يأخذ

tener

يملك

hacer

يعمل

ser

يوجد

estar de pie

يقف

correr

يركض

tirar

يسحب

tirar

يرمي

caer

يقع

yacer

يستلقي

esperar

ينتظر

llevar

يحمل

estar sentado

يجلس

vestirse

يلبس

dormir

ينام

despertar

يستيقظ

mirar

ينظر إلى ..

llorar

يبكي

acariciar

يمسّد

peinar

يمشّط

hablar

يتكلم

entender

يفهم

preguntar

يسأل

escuchar

يسمع

beber

يشرب

comer

يأكل

ordenar

يرتب

amar

يحب

cocinar

يطبخ

conducir

يقود

volar

يطيّر

navegar

يبحر بزورق شراعي

calcular

يحسب

leer

يقرأ

aprender

يتعلم

trabajar

يعمل

casarse

يتزوج

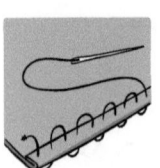

coser

يخيط

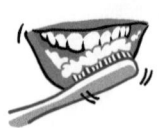

cepillarse los dientes

ينظف أسنانه

matar

يقتل

fumar

يدخّن

enviar

يرسل

familia
عائلة

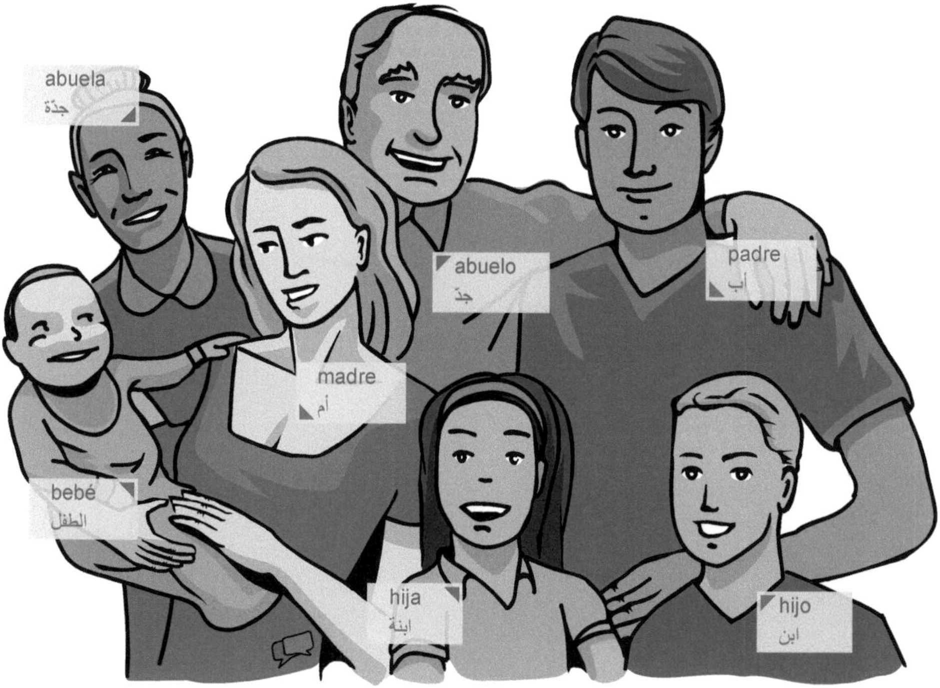
abuela
جدّة
abuelo
جدّ
padre
أب
madre
أم
bebé
الطفل
hija
ابنة
hijo
ابن

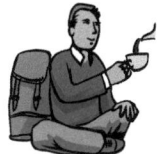

invitado
....
ضيف

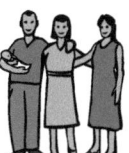

tía
....
عمّة / خالة

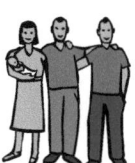

tío
....
عمّ / خال

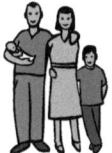

hermano
....
أخ

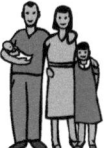

hermana
....
أخت

cuerpo

الجسم

frente
الجبين
ojo
العين
hombro
الكتف
dedo
الإصبع
cara
الوجه
barbilla
الذقن
mano
اليد
pierna
الساق
pecho
الصدر
brazo
الذراع

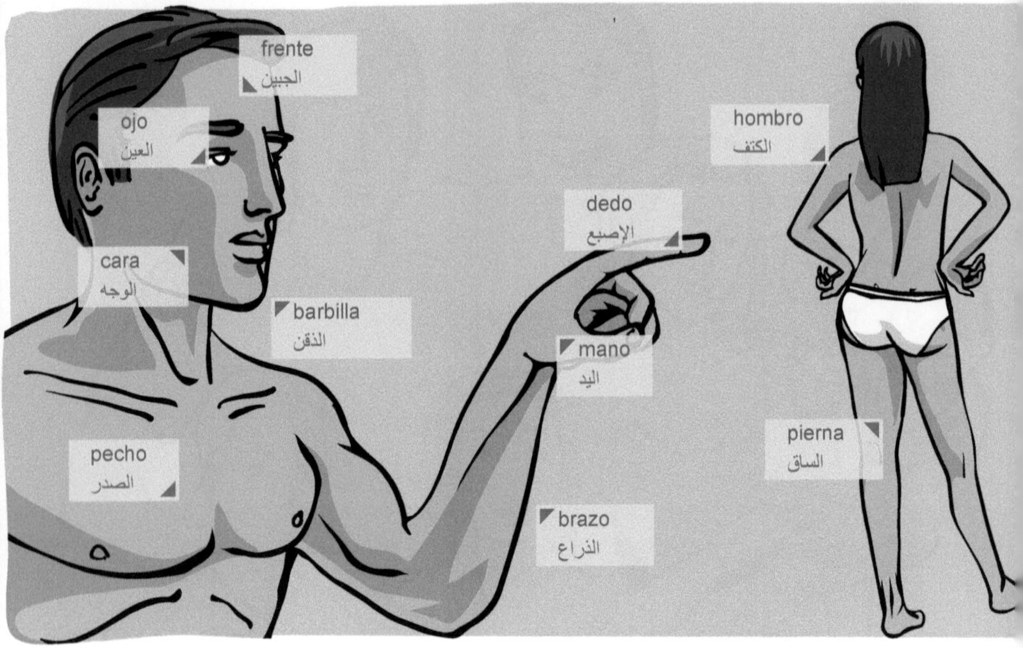

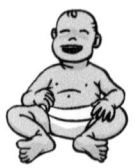

bebé

الطفل

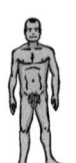

hombre

الرجل

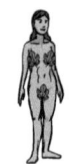

mujer

المرأة

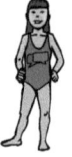

chica

البنت

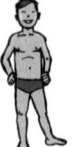

chico

الولد

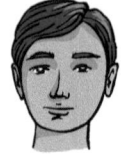

cabeza

الرأس

espalda

الظهر

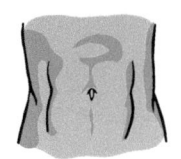

vientre

البطن

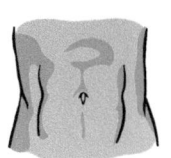

ombligo

السرّة

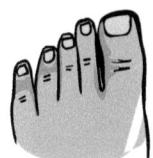

dedo del pie

إصبع القدم

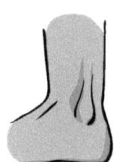

talón

الكعب

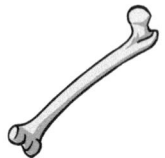

hueso

العظم

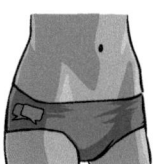

cadera

الورك

rodilla

الركبة

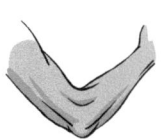

codo

المرفق

nariz

الأنف

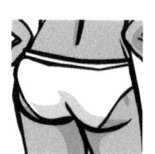

trasero

العَجُز

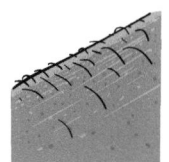

piel

البَشرة

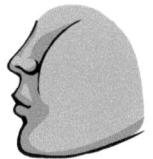

mejilla

الخد

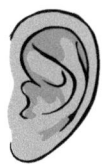

oído

الأذن

labio

الشفة

boca

الفم

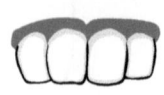

diente

السن

lengua

اللسان

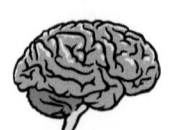

cerebro

الدماغ

corazón

القلب

músculo

العضلة

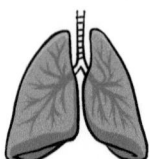

pulmón

الرئة

hígado

الكبد

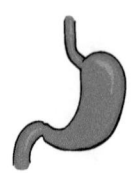

estómago

المعدة

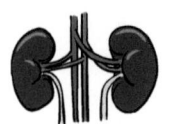

riñones

الكلى

sexo

الاتصال الجنسي

condón

الواقي المطاطي

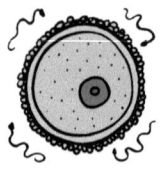

ovario

البويضة

semen

المنيّ

embarazo

الحمل

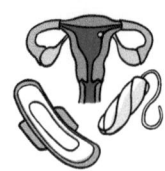

menstruación

الحيض

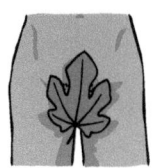

vagina

المهبل

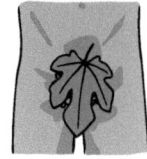

pene

القضيب

ceja

الحاجب

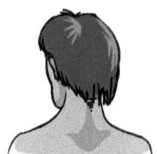

pelo

الشعر

cuello

الرقبة

hospital

المستشفى

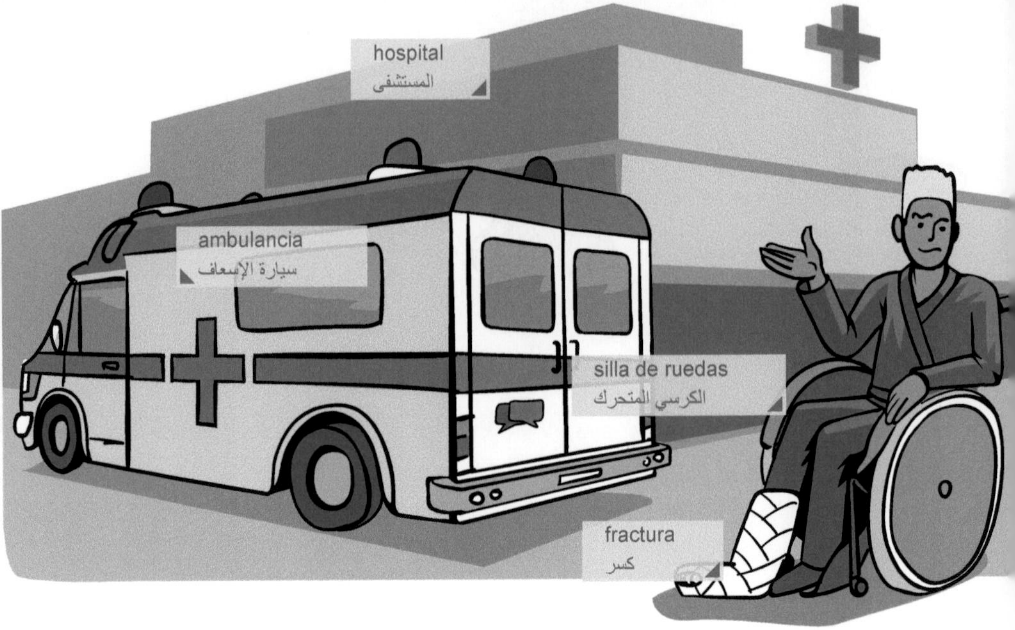

hospital
المستشفى
ambulancia
سيارة الإسعاف
silla de ruedas
الكرسي المتحرك
fractura
كسر

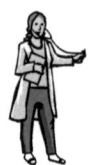

médico

الطبيب

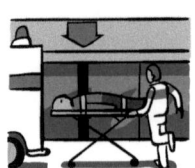

sala de urgencias

غرفة الإسعاف

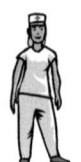

enfermera

الممرضة

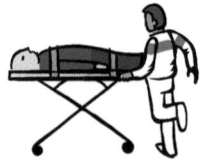

urgencia

حالة

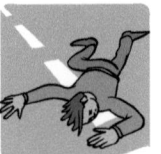

inconsciente

مغمى عليه

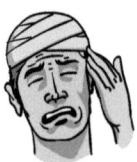

dolor

الألم

lesión

إصابة

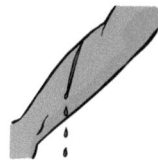

hemorragia

النزيف

infarto

احتشاء القلب

ictus

جلطة

alergia

حسسية

tos

السعال

fiebre

الحُمّى

gripe

إنفلونزا

diarrea

الإسهال

dolor de cabeza

وجع الرأس

cáncer

السرطان

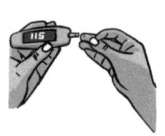

diabetes

مرض السكر

cirujano

جرّاح

bisturí

مبضع

operación

عملية

TAC

سيتي سكان

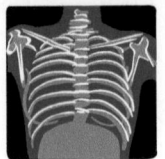

rayos x

الأشعة السينية

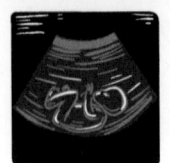

ultrasonido

فوق الصوتي

mascarilla

القناع

enfermedad

المرض

sala de espera

غرفة الانتظار

muleta

العُكّاز

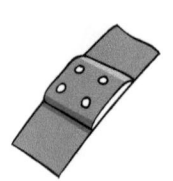

tirita

شريط لاصق

venda

ضماد

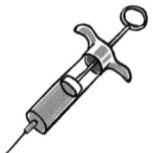

inyección

حقنة

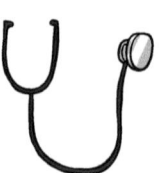

estetoscopio

سمّاعة الطبيب

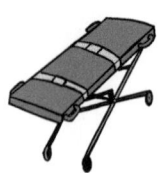

camilla

نقالة

termómetro

ميزان حرارة

nacimiento

ولادة

sobrepeso

وزن زائد

audífono

جهاز السمع

desinfectante

المواد المعقمة

infección

عدوى

virus

فيروس

VIH / SIDA

الإيدز

medicina

الطب

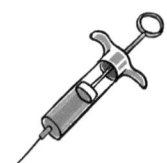

vacunación

اللقاح

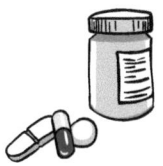

tabletas

أقراص الدواء

pastilla

حبّة الدواء

llamada de urgencia

نداء النجدة

tensiómetro

مقياس ضغط الدم

enfermo / sano

مريض / صحيح

¡Socorro!

النجدة!

alarma

إنذار

asalto

اعتداء

ataque

هجوم

peligro

خطر

salida de emergencia

مخرج طوارئ

¡Fuego!

حريق!

extintor de incendios

جهاز الإطفاء

accidente

حادث

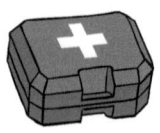

botiquín de primeros
auxilios
حقيبة الإسعاف الأولي

SOS

أنقذونا

policía

الشرطة

Europa

أوروبا

Norteamérica

أمريكا الشمالية

Sudamérica

أمريكا الجنوبية

África

أفريقيا

Asia

آسيا

Australia

أستراليا

Atlántico

المحيط الأطلسي

Pacífico

المحيط الهادي

Océano Índico

المحيط الهندي

Océano Antártico

المحيط المتجمد الجنوبي

Océano Ártico

المحيط المتجمد الشمالي

polo norte

القطب الشمالي

polo sur
....
القطب الجنوبي

Antártida
....
منطقة القطب الجنوبي

tierra
....
أرض

tierra
....
بر

mar
....
بحر

isla
....
جزيرة

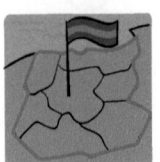

nación
....
أمة

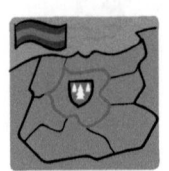

estado
....
دولة

esfera

ميناء الساعة

manecilla de las horas

عقرب الساعات

minutero

عقرب الدقائق

segundero

عقرب الثواني

¿Qué hora es?

كم الساعة الآن؟

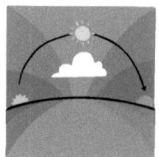

día

يوم

tiempo

زمن

ahora

الآن

reloj digital

ساعة رقمية

minuto

دقيقة

hora

ساعة

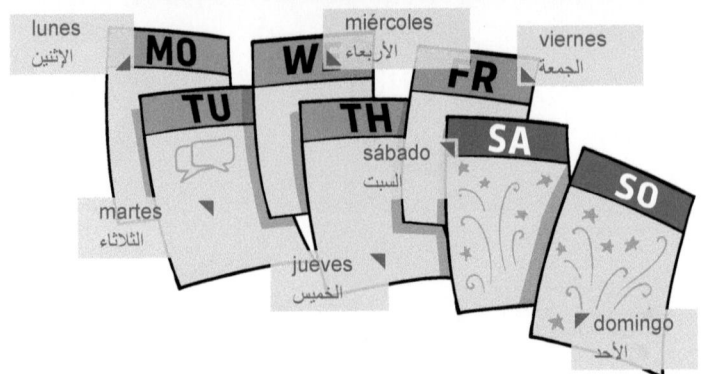

lunes
الإثنين

miércoles
الأربعاء

viernes
الجمعة

martes
الثلاثاء

jueves
الخميس

sábado
السبت

domingo
الأحد

ayer
الأمس

hoy
اليوم

mañana
غدا

mañana
الصباح

mediodía
الظهر

tarde
المساء

días laborables
أيام العمل

fin de semana
نهاية الأسبوع

año
سنة

lluvia
مطر
arcoíris
قوس قزح
viento
ريح
nieve
ثلج
primavera
الربيع
verano
الصيف
otoño
الخريف
invierno
الشتاء

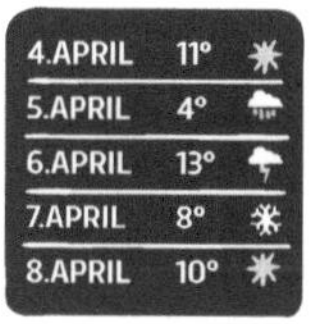

4.APRIL 11°
5.APRIL 4°
6.APRIL 13°
7.APRIL 8°
8.APRIL 10°

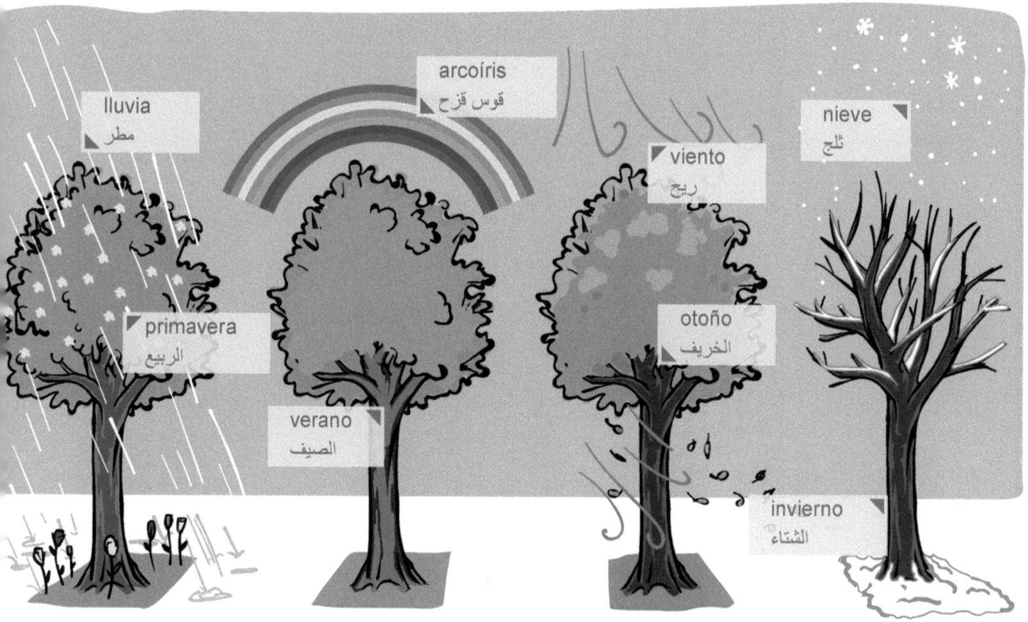

pronóstico del tiempo
التنبؤ بالحالة الجوية

F C
120 40
90 30
60 20
30 10
0 0
-30 -10
-20

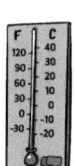

termómetro
مقياس حرارة

sol
ضوء الشمس

nube
سحابة

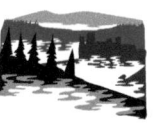

niebla
ضباب

humedad
رطوبة الجو

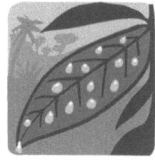

rayo

برق

trueno

رعد

tormenta

عاصفة

granizo

بَرَد

monzón

ريح موسمية

inundación

طوفان

hielo

جليد

enero

كانون الثاني / يناير

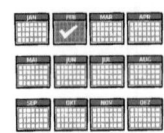

febrero

شباط / فبراير

marzo

آذار / مارس

abril

نيسان / أبريل

mayo

أيار / مايو

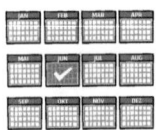

junio

حزيران / يونيو

julio

تموز / يوليو

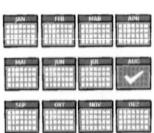

agosto

آب / أغسطس

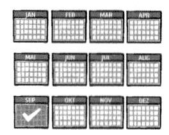

septiembre

أيلول / سبتمبر

octubre

تشرين الأول / أكتوبر

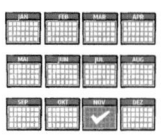

noviembre

تشرين الثاني / نوفمبر

diciembre

كانون الأول / ديسمبر

formas

أشكال

círculo

دائرة

cuadrado

مربع

rectángulo

مستطيل

triángulo

مثلث

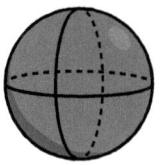

esfera

كرة

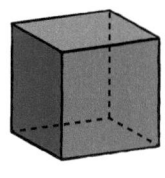

cubo

مكعب

colores

ألوان

blanco
......
أبيض

amarillo
......
أصفر

anaranjado
......
برتقالي

rosa
......
وردي

rojo
......
أحمر

morado
......
بنفسجي

azul
......
أزرق

verde
......
أخضر

marrón
......
بنّي

gris
......
رمادي

negro
......
أسود

mucho / poco

كثير / قليل

enojado / tranquilo

غضبان / هادئ

bonito / feo

جميل / قبيح

principio / fin

بداية / نهاية

grande / pequeño

كبير / صغير

claro / oscuro

فاتح / قاتم

hermano / hermana

أخ / أخت

limpio / sucio

نظيف / وسخ

completo / incompleto

كامل / ناقص

día / noche

نهار / ليل

muerto / vivo

ميت / حيّ

ancho / estrecho

عريض / ضيّق

comestible / no comestible

صالح للأكل / غير صالح

malo / amable

شرّير / لطيف

entusiasmado / aburrido

مثير / ممل

gordo / delgado

سمين / نحيف

primero / último

أولاً / أخيراً

amigo / enemigo

صديق / عدو

lleno / vacío

مليء / فارغ

duro / blando

صلب / لين

pesado / ligero

ثقيل / خفيف

hambre / sed

جوع / عطش

enfermo / sano

مريض / صحيح

ilegal / legal

غير شرعي / شرعي

inteligente / tonto

ذكي / غبي

izquierda / derecha

يسار / يمين

cerca / lejos

قريب / بعيد

nuevo / usado

جديد / مستعمل

nada / algo

لا شيء / بعض الشيء

viejo / joven

مسن / شاب

encendido / apagado

يشعل / يطفئ

abierto / cerrado

مفتوح / مغلق

silencioso / ruidoso

خافت / عالٍ

rico / pobre

غني / فقير

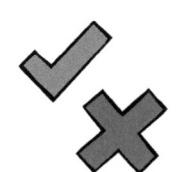

correcto / incorrecto

صح / خطأ

áspero / suave

أحرش / أملس

triste / contento

حزين / سعيد

corto / largo

قصير / طويل

lento / rápido

بطيء / سريع

húmedo / seco

مبلول / جاف

cálido / frío

ساخن / بارد

guerra / paz

حرب / سلم

0

cero
....
صفر

1

uno
....
واحد

2

dos
....
اثنان

3

tres
....
ثلاثة

4

cuatro
....
أربعة

5

cinco
....
خمسة

6

seis
....
ستة

7

siete
....
سبعة

8

ocho
....
ثمانية

9

nueve
....
تسعة

10

diez
....
عشرة

11

once
....
أحد عشر

12

doce

اثنا عشر

13

trece

ثلاثة عشر

14

catorce

أربعة عشر

15

quince

خمسة عشر

16

dieciséis

ستة عشر

17

diecisiete

سبعة عشر

18

dieciocho

ثمانية عشر

19

diecinueve

تسعة عشر

20

veinte

عشرون

100

cien

مائة

1.000

mil

ألف

1.000.000

millón

مليون

inglés

الإنكليزية

inglés americano

الإنكليزية الأمريكية

chino mandarín

لغة ماندارين الصينية

hindi

الهندية

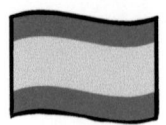

español

الإسبانية

francés

الفرنسية

árabe

العربية

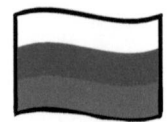

ruso

الروسية

portugués

البرتغالية

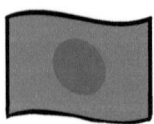

bengalí

البنغالية

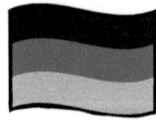

alemán

الألمانية

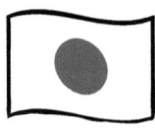

japonés

اليابانية

yo

أنا

tú

أنت

él / ella / ello

هو / هي

nosotros/as

نحن

vosotros/as

أنتم

ellos/as

هم

¿quién?

من؟

¿qué?

ماذا؟

¿cómo?

كيف؟

¿dónde?

أين؟

¿cuándo?

متى؟

nombre

اسم

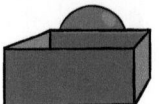

detrás

خلف

en

في

delante de

أمام

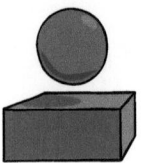

por encima de

فوق

sobre

على

debajo de

تحت

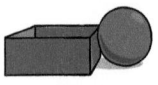

junto a

جنب

entre

بين

lugar

مكان